AF340929

A LA MÉMOIRE

DU TRÈS REGRETTÉ

Dᴿ CHARLES D'ESPINEY

ALLOCUTION

PRONONCÉE

PAR MONSEIGNEUR FABRE

à l'occasion du service de huitaine

CÉLÉBRÉ

en la chapelle du Patronage St. Pierre, à Nice

le 20 avril 1891

NICE

IMPRIMERIE DU PATRONAGE SAINT-PIERRE

(ŒUVRE DE DON BOSCO)

1891

Mesdames, Messieurs.

St. Thomas d'Aquin, visitant un jour son ami St. Bonaventure le trouva occupé à écrire la vie de St. François d'Assise son Père. Père Bonaventure fit à Thomas l'accueil que savent faire les saints, les hommes pleins de l'esprit de Dieu. Je veux dire qu'il le reçut avec cette bonté naïve, avec cette expansion simple et candide qui forme le cachet des âmes transformées par la grâce. Et cependant Thomas s'aperçut que son ami était plus absorbé qu'à l'ordinaire, et que contrairement à son habitude en pareilles circonstances, il se prêtait plutôt qu'il ne se livrait à l'entretien. Quelle pouvait donc être la cause de ce changement ? Thomas la devina bien vite et sans peine. C'était le sujet que son ami traitait, la vie de son Père, qui le rendait ainsi rêveur et absorbé. Aussi dit-il à ceux qui l'accompagnaient : C'est un saint qui travaille pour un saint. Laissons le donc à son occupation si délicieuse et allons-nous-en. C'est ce qu'il fit.

L'Eglise. M. F. ne s'est pas encore prononcée sur la sainteté de ce grand serviteur qui fut D. Bosco, et à Dieu ne plaise, que nous voulions devancer son jugement. Non, nous respectons les lenteurs toujours admirables qu'elle met à placer sur les autels ceux de ses fils qui ont atteint les hauts sommets de la sainteté, et nous attendons avec patience mais non sans faire des vœux ardents pour l'heureuse issue, les résultats du procès déjà commencé. Toutefois avec la réserve que nous venons de faire, nous pouvons bien dores et déjà appeler D. Bosco saint dans la large signification du mot.

Dans la même mesure ou si vous le voulez, à un degré inférieur, nous pourrions dire, au passé, du regretté Dr d'Espiney ce que Thomas d'Aquin a dit au présent de son ami Bonaventure. C'est un grand chrétien un homme à la foi vive et agissante qui a écrit la vie d'un grand serviteur de Dieu, d'un homme que nous espérons un jour vénérer sur les autels. C'est sur cela que je m'appuie pour vous dire que celui dont nous pleurons la perte est un homme d'un grand mérite, un homme qui a droit à notre estime et à notre reconnaissance.

Vous conviendrez aisément de cela si vous voulez bien considérer le retentissement qu'a eu dans toute l'Europe et même au delà, la Vie de D. Bosco par le Dr d'Espiney quelque sommaire et forcément incomplète qu'elle puisse être d'ailleurs. Dieu seul connaît le bien qu'à fait cette notice historique de l'homme de Dieu. C'est ce livre qui a fait connaître au loin le serviteur de Dieu, ses vertus et la puissance extraordinaire d'intercessions dout, il jouissait auprès du Seigneur. L'œuvre de D. Bosco, œuvre eminemment humanitaire, sociale, et chrétienne au premier chef, a été connue et appréciée par le livre du Dr d'Espiney; ce livre a été comme le porte-voix de D. Bosco et de son apostolat de la jeunesse appartenant à la classe pauvre.

Aussi, je ne crains pas d'assigner au Dr d'Espiney la première place parmi les coopérateurs de l'œuvre Salésienne; je ne crains pas de le compter parmi les bienfaiteurs les plus méritants de l'institut qui nous est si cher à tous.

Mais c'est à un autre point de vue que je veux considérer l'historien de la vie de l'homme que tout le monde admire, de D. Bosco. Je prends cette vie, ou, pour parler plus exactement, la manière dont-elle a été écrite comme le thermomètre de la vertu de l'écrivain, comme l'indice de son mérite au point de vue surnaturel de la sainteté. Je m'explique. En parcourant ces pages on s'aperçoit bien vite que le cœur de l'historien est tout à fait à l'unisson du cœur du héros chrétien dont il décrit la vie. Il y a entre les deux hommes harmonie parfaite d'esprit, de cœur, de dispositions intérieures. Dans ces pages on sent un souffle de foi, d'amour de Dieu, de zèle des âmes, dont il n'est pas possible de ne pas être frappé.

Après avoir lu ce volume tout vibrant d'enthousiasme, d'admiration et de dévouement pour l'apôtre de la jeunesse de la classe déshéritée, on se dit: M. d'Espiney a connu le serviteur de Dieu, il l'a connu au sens élevé de ce mot: ce qui veut dire, que son esprit, son cœur, son âme se sont trouvés à la hauteur de l'esprit du cœur de l'âme de D. Bosco; on se dit: M. d'Espiney a compris l'œuvre de D. Bosco. c'est-à-dire avec son coup d'œil si sûr il a compris tout ce qu'elle a de grand, de généreux, de bienfaisant. Il a vu qu'elle répondait à un des besoins les plus pressants de l'époque: il a compris qu'on ne pouvait faire rien de plus salutaire pour l'individu, la famille, la société, l'Eglise, que de prêter son concours à cette œuvre. Voilà l'impression que laisse dans l'esprit la lecture des écrits du D^r d'Espiney qui ont trait à D. Bosco, à son institut, à son œuvre.

Eh bien, à mon sens, cela suffit à nous donner une haute idée de la vertu et des mérites de l'écrivain, à nous rendre chère sa mémoire, et à le recommander à notre reconnaissance, en nous engageant tous à lui accorder aussi largement que possible le secours de nos suffrages.

Je pourrais dire à sa louange que le D^r d'Espiney était un savant. Il l'était en effet. Et ce n'est pas de moi-même que j'en parle ainsi, mais d'après l'avis d'hommes très compétents qui l'ont connu intimément et qui l'ont apprécié à sa juste valeur.

C'était un esprit très cultivé une intelligence bien au-dessus du niveau commun, un Docteur connaissant tous les secrets de son art si difficile et si délicat à la fois.

Il est bien vrai que le D^r d'Espiney ne faisait pas grand étalage de ses connaissances et des richesses de son esprit. Mais c'est précisément à ce signe là qu'on connaît la trempe d'une intelligence supérieure.

Le vrai savant l'homme de mérite est ordinairement modeste, surtout lorsqu'à la valeur intellectuelle il joint la valeur morale et le sentiment chrétien au degré où les possédait notre cher Docteur.

Aussi est-ce un vide réel, un vide très senti que fait parmi nous la mort de ce médecin distingué. Vous pourrez mesurer ce vide à une preuve qui me dispense, ce me semble, d'en fournir d'autres.

Je connais une personne, une chrétienne vraiment d'élite à laquelle notre cher Docteur avait donné des soins comme il en savait donner, qui, ayant appris que sa vie était en danger, offrit à Dieu le sacrifice de la sienne pour obtenir sa guérison. « Prenez-moi, dit-elle, Seigneur, et laissez encore pour quelque temps cet homme de bien si précieux qui rend de tels services à l'humanité souffrante. » Dieu pour des raisons que nous ne connaissons pas, n'a pas voulu accepter cette substitution, mais à ce trait dont je garantis l'authenticité, nous pouvons comprendre quelle était la confiance qu'on avait dans ses lumières et dans ses soins.

Je pourrais encore ajouter à son honneur qu'il n'a jamais exercé sa noble profession que dans un but noble, grand, élevé.

Etait-ce en effet l'honneur, la gloire que le D^r d'Espiney cherchait dans l'exercice de son art ? loin de là : il était trop chrétien et d'un caractère trop supérieur pour s'attarder à un but si mesquin, pour pouvoir se payer de la fumée de la gloire du monde.

Ce n'était pas non plus les richesses, le désir d'arrondir sa fortune qui était le mobile de tout ce qu'il faisait dans ses cures si patientes, si laborieuses, si intelligentes et ordinairement couronnées d'un plein succès. Il serait plus exact de dire qu'il dépensait plus de son avoir en faveur des pauvres, dans l'exercice de sa profession, qu'il ne retirait de bénéfices de sa riche clientèle.

Soulager l'humanité souffrante conserver une vie toujours précieuse voilà ce que notre Docteur avait en vue dans sa profession. Que son client fût couché sur un lit somptueux sous des lambris dorés, ou qu'il fût étendu sur la paille dans une mansarde peu importait à M.

d'Espiney. Il ne savait mettre de différence entre malade et malade. Il donnait à chacun ses soins également assidus et dévoués sans distinction de rang et de condition.

Avouez que c'est noblement entendre sa profession que de l'entendre comme le faisait cet homme de l'art, si distingué ; c'est ce qui nous explique les regrets que sa mort a provoqués dans tous les rangs, dans toutes les classes, regrets aussi unanimes que vivement sentis.

Que n'aurais-je pas à vous dire si je voulais vous faire connaître les élans de son cœur si charitable si généreux si chrétien ! Y a-t-il une bonne œuvre à laquelle ou directement ou indirectement il n'ait pas contribué pour sa part et pour une large part ! Qu'on la nomme cette œuvre, et a-t-on jamais fait appel en vain à ce noble cœur lorsqu'il a été question de soulager une misère, de sécher une larme, de répondre à un besoin quelconque ? Non. Sa bourse était toujours prête à donner son concours. Tout ce qui était noble, grand, généreux avait le secret de toucher son cœur, de l'attirer, de l'émouvoir.

Disons tout en un mot, sa vie a été une belle journée, une journée on ne peut mieux remplie : remplie d'œuvres de foi, de charité, de zèle, de dévouement, de générosité. Ce sont ces œuvres qui l'ont suivi devant le tribunal du souverain juge, qui lui ont obtenu miséricorde et qui, comme autant de diamants d'une incomparable beauté, embellissent la couronne qui doit orner son front dans l'assemblée des élus.

Mais je retourne à ma pensée favorite, parce qu'elle me paraît mettre mieux en lumières les mérites de cette âme, mieux que ne saurait faire n'importe quelle autre considération. Je dis et je repète que les écrits du D^r d'Espiney nous montrent son esprit, son cœur, ses idées, ses sentiments, sa foi son amour, les dispositions, en un mot, intérieures de son âme en harmonie parfaite avec l'âme du grand serviteur de Dieu qui fut D. Bosco. Eh bien ! je pense qu'il y a là tout un panégyrique, le plus bel éloge qu'on puisse faire de ce grand chrétien de cet homme distingué, je m'en tiens là croyant superflu d'ajouter autre chose à sa louange.

Mais pourquoi un homme d'un si grand mérite, qui a passé sa vie à faire le bien a-t-il été soumis aux souffrances d'une si longue et si cruelle maladie ? *judicia Dei abyssus multa.* Qui peut sonder les jugements de Dieu ? Il aime ses élus d'un amour jaloux, aussi ne peut-il souffrir dans leur âme ni ombre, ni tâche, ni rien qui en dépare la beauté immortelle. Le D^r d'Espiney a fait son purgatoire en ce monde.

Il y a plus que celà dans les souffrances de cet homme si chrétien. Dieu a voulu par là augmenter ses mérites, et rendre plus brillant l'or de sa charité.

Ce n'est pas tout. Lorsque la croix entre dans un foyer elle se promène sur toutes les personnes qui s'y trouvent et veut les sanctifier toutes en les touchant. Le Seigneur n'a-t-il pas voulu par cette maladie donner à la noble compagne du regretté Docteur l'occasion d'exercer sa patience son dévoûement, de montrer toutes les richesses de vertu de son cœur ? Nous le croyons ainsi. Et en effet elle a donné la mesure de ce qu'est capable de faire en de pareilles épreuves, celle que l'Ecriture appelle la *femme* FORTE, la femme selon le cœur de Dieu.

On demandera encore pourquoi le Seigneur n'a pas accordé à M. d'Espiney la satisfaction la joie de voir arrivé au terme de ses études son fils, ce fils dont il était si fier, qu'il aimait tant, et à tant de titres. Autant de questions dont Dieu garde le secret.

Je dirai seulement que M. d'Espiney en montant au ciel, comme un autre Elie a laissé tomber son manteau Je dis son esprit, son cœur, ses rares qualités et c'est son fils qui a ramassé ce manteau. Notre cher Docteur revit dans son fils c'est lui tout entier que nous possédons, en son fils.

Du reste en nous plaçant au point de vue de la foi, si vrai en tout, mais d'une manière spéciale ici, nous n'avons pas perdu en réalité celui que nous aimions et que nous regrettons.

Que l'ange de Dieu ait écrit son nom au livre d'or qui contient celui de tous les prédestinés cela ne fait pas un doute. En douter, ce serait faire injure à la bonté de Dieu, à sa miséricorde, ce serait trop mal entendre la religion,

Il peut, aussi, avoir emporté de cette vie un peu de cette poussière mondaine dont les justes eux-mêmes ont tant de peine à se garer, qui ternit l'éclat de la beauté d'une âme, retarde son entrée dans la gloire. Cela est possible. Eh ! bien donnons lui la main, venons à son secours par nos prières, par nos pénitences, par nos suffrages et alors nous aurons un homme de bien de moins sur la terre, mais un ami, un protecteur de plus dans le ciel. C'est là qu'il nous attend les bras ouverts, pour nous introduire dans la région de la lumière et de la paix, d'où toute infirmité, toute douleur, toute angoisse est bannie ; où l'on n'a plus à redouter la cruelle, la poignante douleur de la séparation, et où règne une paix inaltérable, une joie sans mélange, un bonheur parfait et sans fin. Amen.